ANDREAS DUERST FOTOGRAFIE LEA-MARIE KENZLER UND DIRK BÖTTCHER TEXT

Lust auf VERWANDLUNG

HINSTORFF

DIE FRAGE

Jemand anderes werden, um etwas von sich selbst zu zeigen.

Wer würde man gern einmal sein? In welche Rolle möchte man schlüpfen, nur für einen Tag – welche Person könnte zu einem passen? Und brächte man überhaupt den Mut auf, sich zu verwandeln und dann auch noch zu zeigen?

Diese Fragen sind keineswegs leicht zu beantworten. Für jemanden, der mit der Diagnose Krebs konfrontiert ist, die Nebenwirkungen der Therapien aushalten muss, für den nichts mehr gewiss scheint und alles in Frage steht, für den mögen diese Überlegungen geradezu irrelevant sein – hat derjenige nicht ganz andere Sorgen?

Oder bietet sich eine willkommene Möglichkeit, der Realität der Krankheit – für einige Zeit zumindest – zu entfliehen?

Wer man gern sein würde? Vielleicht einfach nur ein gesunder Mensch?

»Es ist gar nicht so
wichtig, wie lange man lebt,
es ist wichtig, dass man
wahrhaftig lebt.«

Marlit Müller

MARLIT MÜLLER

Ich arbeite als Pharmareferentin und als onkologische Fachreferentin. Jahrelang sprach ich mit Ärzten über Krebs, Chemotherapien, Medikamente, ihre Wirkungen und Nebenwirkungen – und plötzlich war ich selbst betroffen.

Mit der Krebsdiagnose fasste ich einen Entschluss: Ich kämpfe nicht gegen die Krankheit, sondern ich nehme sie an. Dadurch hat sich vieles geändert. Ich ernähre mich heute vegan, faste regelmäßig und versuche durch Yoga und Meditation die schulmedizinische Behandlung zu unterstützen. Angst und Sorge bleiben, aber ich bemühe mich, mir die positive Grundeinstellung zum Leben zu erhalten.

Manchmal überlege ich, was ich als Kind gern gemacht habe. Ich zeichnete stundenlang – damit habe ich nun wieder angefangen. Die Krankheit nutze ich als Chance und stelle fest, es ist nicht so wichtig, wie lange man lebt, sondern dass man wahrhaftig lebt.

Die Verwandlung beginnt mit meiner Naturverbundenheit, die sich durch die Erkrankung noch verstärkt hat. Ich gehe gern in den Wald, ich spüre dort einen heilenden Effekt. Nach der Diagnose half mir ein langer Spaziergang in der Natur, meine Gedanken zu sortieren. Deshalb möchte ich mich als Waldelfe verkleiden und der Natur dadurch einmal richtig nahe sein, mich fühlen, als wäre ich ein Teil des Waldes.

Diese Verkleidung ist anfangs ungewohnt, ich habe noch nie lange Haare getragen. Der Prozess ist jedoch sehr angenehm und inspirierend. Ich habe keine Schmerzen bei so viel Ablenkung. Es ist ein schönes Gefühl, wenn sich jemand derart liebevoll um mein Aussehen kümmert.

STUDIO 301
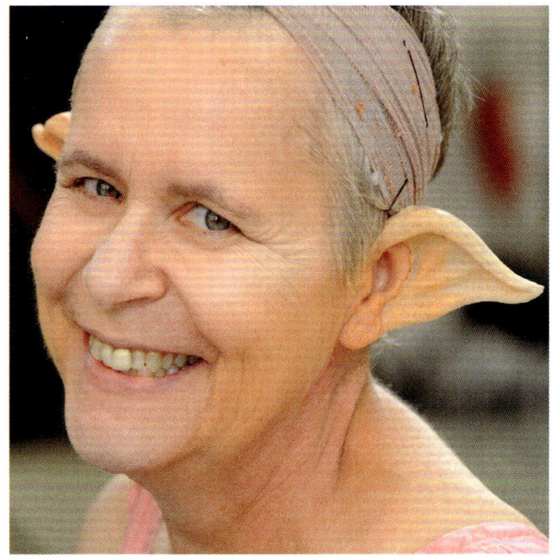

»Einen Tag wusste ich,
es ist etwas Schlimmes.
Am nächsten Tag sagte ich mir,
es wird schon nichts sein.«

Evelyn Richert

EVELYN RICHERT

»Es macht mir Spaß,
wenn ich sehe, wie glücklich
die Frauen sind.
Das waren hier Momente,
die mir auch das Theater nicht
geben kann.«

Michaela Schroeckh, Maskenbildnerin

Wir waren im Urlaub auf Kuba. Beim Eincremen fühlte ich etwas. Da war etwas, das nicht hätte da sein sollen.

Man hat dann schnell so eine Ahnung. Dann verneint man es wieder. So ging das den ganzen Urlaub: Einen Tag wusste ich, es ist etwas Schlimmes. Am nächsten Tag sagte ich mir, es wird schon nichts sein.

Wir kamen an einem Freitag zurück nach Hause. Am Montag ging ich zum Arzt. Der aber war im Urlaub. Dieses Warten auf einen Termin war das Schlimmste. Dieses Gefühl, da ist etwas in einem, das so schnell wie möglich wegmuss – und dann muss man immer nur warten.

Eigentlich ist es gar nicht mein Ding, so vor der Kamera zu posieren. Und als ich am Morgen vor dem Shooting aufgestanden bin, war ich mir nicht sicher, ob ich das von der körperlichen Anstrengung her überhaupt schaffe. Während ich die Treppe zum Studio hochging, dachte ich immer noch: »Das schaffst Du heute nicht.« Aber als ich mich dann in der Verkleidung gesehen habe, da fand ich mich sogar richtig attraktiv. Es ist unglaublich, was Kostüme und Make-up bewirken. Nach dem Shooting habe ich die Verkleidung noch so lange anbehalten, bis mein Mann mich abholen kam. Er sollte mich unbedingt so sehen.

Im Nachhinein staune ich aber wirklich, dass ich das alles tatsächlich mitgemacht habe.

DIE VERWANDLUNG

Keine Flucht vor der Realität, sondern das Spiel mit ihr.

Im Prozess der Verwandlung steckt der Zauber, etwas zu werden, was man bisher vielleicht nicht war. Eine Option, das Testen einer veränderten Realität, ein Rollentausch. Eine andere Identität anzunehmen, ohne die eigene dabei aufzugeben. Beim Auftragen des Make-ups, beim Aufsetzen der Perücken und Anziehen der Kostüme geschieht etwas, das sich kaum greifen lässt. Das alles verändert den Menschen – nicht nur das Offensichtliche, die Verkleidung. Die Verwandlung verwandelt: Den Menschen, sein Bewusstsein, den Ort und den Moment.

Hinter den Portraits in diesem Buch stehen mehr als Kostüme: Die Verwandlung legt auch Träume frei, Interessen, Lebensentwürfe, Persönlichkeiten, etwas, das manchmal erst die Maskenbildnerinnen in den Personen sahen und diese selbst vielleicht noch nicht von sich gewusst hatten. Die Verwandlung ist ein paradoxer Akt: Jemand anderes zu werden, bedeutet auch, etwas von sich selbst zu zeigen. Denn wenngleich die Maskerade Schutz bieten kann, man sich hinter ihr verstecken könnte, so offenbart sie mitunter gleichzeitig auch einiges, das die Person sonst nicht von sich zeigen würde.

Das Geschick der Maskenbildnerinnen offeriert daher nicht nur, wer man alles werden kann, sondern vielleicht doch eher, wer man alles noch ist. Für die Teilnehmerinnen bedeutet dieses Projekt nicht die Chance zum Entfliehen aus der Realität, vielmehr ist es der Beweis dafür, was diese alles bereithält und erlaubt. Zur Realität des Lebens mit der Diagnose Krebs gehört es eben auch, dass Freude, Spaß, Gemeinsamkeit und Schönheit nicht ausgeschlossen sind. Für die Frauen ist der Rollenwechsel nun Teil der Realität Krebs, ein Zeichen, dass man noch lebt. Dass vieles möglich ist, man vieles sein kann.

Die eigentliche Verwandlung haben die Teilnehmerinnen längst erlebt. Eine unfreiwillige, jene vom gesunden zum kranken Menschen, die eher einem Fall der Fassade, der Oberflächlichkeit gleicht. Man wird auf sich selbst zurückgeworfen, kann sich vor dem eigenen Schicksal nicht mehr verkriechen oder untertauchen, auch wenn man vielleicht gerade das jetzt wollte. Mitunter trauen sich die Patientinnen nach der Diagnose mehr als vorher, sie selbst zu sein, mit aller Konsequenz.

Das ist nicht wenig. Das kostet Überwindung. Gezeichnet von der Therapie und der Krankheit, ist der Schritt in den Mittelpunkt, exponiert vor Kamera und im Scheinwerferlicht, kein leichter. Auch hier zeigt sich die Realität wieder zwiespältig, bewegt sich die Spannung zwischen der Überwindung, sich zu zeigen und der Freude, gesehen und wahrgenommen zu werden. Sich schön zu finden, sich am eigenen Anblick wieder zu erfreuen.

In der Verwandlung offenbart sich am Ende das eigene Selbst. Reduziert auf ein Wort, spiegelt sich in den Fotos und Geschichten in diesem Buch vor allem eins: Leben. Es strahlt.

»Mein Arzt hat gesagt:
›An Brustkrebs muss
heute niemand mehr sterben.‹
Das macht mir Mut.«

Ariane Bartsch

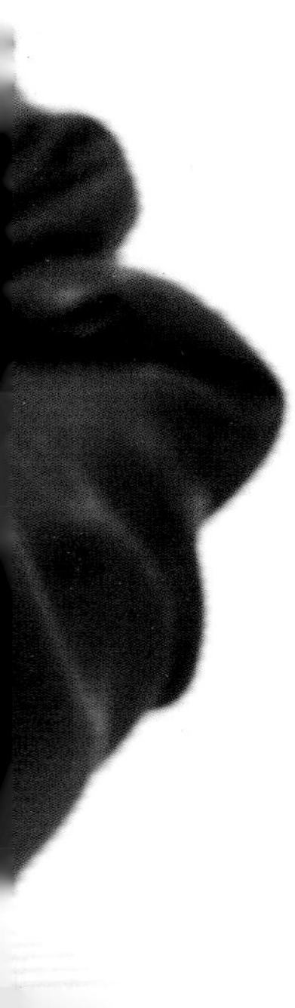

ARIANE BARTSCH

Ich erhielt meine Krebsdiagnose an meinem Geburtstag. Zuvor hatte ich beim Duschen gespürt, dass etwas nicht stimmt, aber immer wieder hinausgezögert, zum Arzt zu gehen. Dann erhielt ich die Diagnose Brustkrebs. Ich saß einfach nur da und fragte mich immer wieder: Wie bringe ich das meiner Tochter bei?

Meine Eltern waren geschockt, mein Mann war tapfer. Im Januar begann die Chemotherapie, im April konnte ich erfolgreich operiert werden. Meine Tochter Emma ist zehn Jahre alt. Sie ist mir eine große Hilfe. Als mir die Haare ausfielen, ging ich morgens in ihr Zimmer. Mit Begeisterung rasierte sie mir den Kopf und war stolz darauf. Mir liefen vor Freude Tränen über mein Gesicht. Emma ist gut darin, stark zu sein. Und wenn ich eines weiß, dann dass ich noch lange für sie da sein will. Meine Familie bedeutet für mich Rückhalt. Hier kann ich so sein, wie ich bin. Mit und ohne Perücke.

Eigentlich ist das ganze Leben Verwandlung. Ich will sehen, wer ich war und wer ich heute bin. Der Krebs ist jetzt da, er gehört zu mir und damit muss ich leben. Diese Veränderung möchte ich festhalten und bin gespannt auf das Ergebnis. Dabei zu sein hilft mir auch, mich wieder ein wenig mehr zu öffnen.

Es hat sich in meinem Leben sehr viel relativiert. Wenn ich daran denke, was ich früher mit meinen Haaren für ein Theater gemacht habe. Hatte sich die Friseurin mal verschnitten, dann war das ein Drama. Nun sind die Haare weg und es wirkt alles so unwichtig, ja lächerlich. Mit dem Aussehen verändert man auch seine Art. Ich bin jedenfalls viel ruhiger und ausgeglichener geworden. Vieles ist mir heute einfach total egal.

»Treffen kann es jeden.
Es ist schön zu erleben,
wie mutig und tapfer
die Frauen mit ihrer
Erkrankung umgehen.«

Lea-Marie Kenzler, Journalistin

*»Ich habe gelernt, mir viel Zeit
für mich zu nehmen,
die einfachen und schönen
Dinge zu erkennen.«*

Angret Kristens

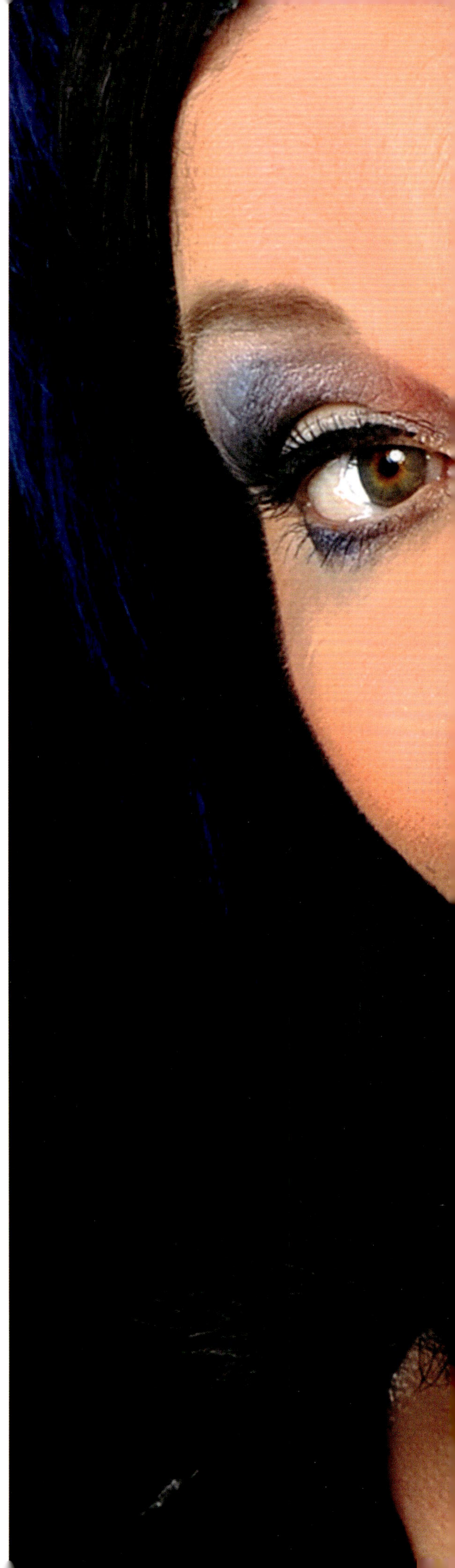

ANGRET KRISTENS

Als ich von dem Projekt hörte, dachte ich, das wäre nichts für mich. Das Thema geht mir doch sehr nahe, es erinnert mich an eine schlechte Zeit in meinem Leben. Aber es ist auch eine einmalige Chance, ein Stück Verarbeitung der Erkrankung.

2015 erhielt ich die Diagnose Eierstockkrebs. Ich hatte Zweifel, ob es nach den schmerzhaften Operationen jemals besser werden würde. Heute fühle ich mich wieder gut. Die Situation mental zu verarbeiten, fiel mir oft schwer. Manchmal war ich kraftvoll, zuversichtlich und motiviert, dann folgten Tage, an denen ich mich ausgeliefert und schwach fühlte. Und schließlich fragt man sich, was hat man eigentlich sein ganzes Leben getan. Ich habe gelernt, mir viel Zeit für mich zu nehmen, genieße die Ruhe im Alltag, spontan zu sein, die einfachen und schönen Dinge zu erkennen.

Ich bewundere das Handwerk der Maskenbildnerinnen. Sie haben eine ganz und gar typbezogene Wahrnehmung. Ich habe meine Verwandlung gern in ihre Hände gelegt. Der Augenblick, als ich mich dann im Spiegel sah, fühlte sich unwirklich an. Auf einmal war ich jemand anderes. Es ist ein erhebendes Gefühl, sich so schön zu sehen. Mit diesem Outfit könnte ich sogar noch auf eine Party gehen. Manchmal dachte ich schon, das wäre gar nicht mehr möglich. Das war eine wunderbare Erfahrung.

»Ich wollte gern
etwas Schönes darstellen,
mal wieder richtig hübsch aussehen,
eine andere sein.«

Carolyn Bell

CAROLYN BELL

Ich hatte ein sehr strukturiertes Leben und war immer auf etwas fokussiert. Meine Mutter ist früh gestorben, an Krebs. Meine Tochter hat das damals sehr schwer überwunden. Daher fiel es mir unheimlich schwer, ihr, meinem Sohn und meiner ganzen Familie von meiner Diagnose zu erzählen. Ich brauchte drei Wochen, um es ihnen zu sagen.

Ich arbeite als Arzthelferin. Dass es etwas Ernstes ist, war mir bei der ersten Untersuchung schon klar. Aber man hofft immer, man hört einfach nicht auf zu hoffen, dass es vielleicht doch etwas anderes ist. Wenn einem der Arzt dann die Diagnose mitteilt, ist das wirklich hart.

Ich wollte gern etwas Schönes darstellen, mal wieder richtig hübsch aussehen, eine andere sein. Marilyn Monroe am liebsten, sie ist doch das Sinnbild des Schönen überhaupt.

Es wurde dann aber doch noch ein anderes Kostüm. Ich habe mich dahinter auch ein wenig versteckt. Es ist verrückt, was so eine Verkleidung mit einem macht. Man bewegt sich gleich ganz anders, viel aufrechter, ich hatte das Gefühl, tatsächlich wie eine Königin zu gehen.

Das Foto wird für mich eine wichtige Erinnerung an eine Zeit sein, in der man sich nicht so attraktiv findet, aber dennoch Spaß haben kann. Zu Hause gehe ich ohne Perücke nicht mal auf den Balkon. Als ich mich in dem Kostüm gesehen habe, wäre ich am liebsten so nach Hause gegangen. Wenn meine Haare wieder da sind, das habe ich mir versprochen, dann färbe ich sie rot.

»Mich beeindruckt,
mit welcher
Energie und Zuversicht
sich die Frauen ihrer
Verwandlung stellen.«

Dirk Böttcher, Journalist

»Der Tod ist näher gekommen.
Umso mehr zählen nun
die schönen Momente.
Die Verwandlung
hat mir einige beschert.«

Heike Kutz

HEIKE KUTZ

»Mit der Verwandlung in
Frida Kahlo
hat Heike die Rolle mit so viel
Leben und Anmut erfüllt.«

Iris Hohol, Maskenbildnerin

Der Krebs ist immer präsent, er steht mit mir auf und ich nehme die Gedanken an ihn abends mit ins Bett. Mit ihm zu leben ist schwer.

Auch während des Projekts gab es Momente, in denen mich die Krankheit wieder runtergezogen hat. Einerseits war es eine willkommene Ablenkung, es hat Spaß gemacht – andererseits wurde ich aber auch durch die Geschichten der anderen Patientinnen wieder auf meine Geschichte zurückgeworfen. Es ist da vieles hochgekommen, von dem ich dachte, dass ich es längst verarbeitet oder zumindest verdrängt hätte.

Vor sechs Jahren wurde bei mir Brustkrebs diagnostiziert, damit begann in meinem Leben eine neue Zeitrechnung. Diese Nachricht zieht einem den Boden unter den Füßen weg. Komischerweise denkt man zuerst gar nicht an sich, sondern an seine Kinder, an den Ehemann, wie man ihnen das nur beibringen kann.

Der Tod ist näher gekommen. Umso mehr zählen nun die schönen Momente. Die Verwandlung hat mir einige beschert. Ich habe im Krankenhaus von der Aktion gehört und war sofort Feuer und Flamme. Das Schönste war vielleicht, dass ich mal nicht die Krebspatientin war, sondern wieder Heike.

Ich wollte eine Frauenpersönlichkeit darstellen, Stärke ausstrahlen und schwarze lange Haare haben. So kam ich auf die Malerin Frida Kahlo. Vor dem Spiegel habe ich mich in der ersten Sekunde gar nicht erkannt. Das war der schönste Moment.

*»Es ist unglaublich,
was das ausmacht. Es sind ja
eigentlich nur ein paar Haare
über den Augen.«*

Anna Siebdrath

ANNA SIEBDRATH

Ich glaube, es geht in diesem Projekt gar nicht darum, etwas anderes zu werden oder zu entfliehen. Der Krebs gehört für mich zu meinem Leben dazu, ich muss das annehmen. Mit der Operation sind für mich die Karten neu gemischt worden: ein neues Spiel, eine neue Chance. Ich lebe noch.

Ich arbeite als Zahntechnikerin, meine Mutter hatte auch Krebs. Wir haben eine genetische Veranlagung in der Familie, die gleichen Gene wie Angelina Jolie.

Vor der Erkrankung war mir Schönheit oder schön zu sein nicht so wichtig wie heute. Ohne Haare, Augenbrauen und Wimpern wird man plötzlich ein ganz anderer Mensch. Es ist unglaublich, was das ausmacht. Es sind ja eigentlich nur ein paar Haare über den Augen.

»Bei Dir sehe ich einen zartrosa Afro-Look, hellblau hätten wir auch – dazu ein frisches Make-up.«

Marion Mühle, Maskenbildnerin

*»Nein, das war's noch nicht!
Ich sage immer, ich hatte
Krebs. Das ›hatte‹ ist mir
wichtig. Er ist jetzt weg.«*

Sandra Sulkowski

SANDRA SULKOWSKI

Wenn ich aus dem Haus gehe, mache ich mich immer hübsch. Während der Therapie mit der Perücke war das schon schwierig. Man fühlt sich ohne eigene Haare irgendwie nicht vollständig. Sogar für die Chemo habe ich mich immer gestylt, ich bin da mit Hackenschuhen hin. Der Taxifahrer sagte immer: »He, du fährst zur Chemo, nicht auf den Laufsteg!« Aber ich brauchte das irgendwie für mich.

Ich wollte durch dieses Projekt vor allem Gleichgesinnte treffen. Zu Hause und im privaten Umfeld, da haben alle Mitleid, es gibt so viel Anteilnahme – aber das will ich eigentlich alles gar nicht. Die Maskenbildnerin sagte, sie würde bei mir einen 20er-Jahre-Look sehen. Ich finde, Stevie Wonder hätte auch gepasst. Der Charleston-Look gefällt mir aber auch, ich mag das Durchgeknallte und erinnere, dass ich den Charleston sogar mal meinen Schülern beigebracht habe.

Die Diagnose Krebs zieht einem erst einmal den Boden unter den Füßen weg. Sie traf mich völlig überraschend. Ich bin von Beruf Musiklehrerin. Ich weiß noch, wie ich das erste Mal nach der Diagnose in meine Klasse kam. Wir hatten gerade das Lied »Heute ist ein schöner Tag« auf dem Plan, ich sagte nur: »Heute kann ich das mit euch nicht singen.«

Ob ich wieder zurück an meine alte Schule gehe, weiß ich nicht. Ich glaube es ehrlich gesagt nicht. Meine Tochter sagte zu mir: »Die Diagnose ist schlimm, aber wenn sie weniger schlimm gewesen wäre, dann hättest Du Dein Leben nie geändert.«

Vielleicht beginnt jetzt nach der Krankheit ein neues Leben. Ich möchte etwas Neues anfangen, etwas, das ich mit Leib und Seele mache. Es ist schon Wahnsinn, wie viel sich nach dieser Scheiß-Diagnose änderte. Ich sage immer, ich hatte Krebs. Das ›hatte‹ ist mir wichtig. Er ist jetzt weg. Nach der Therapie mache ich nur noch, was ich möchte. Ich ziehe dann eine Linie, die trennt mein Leben in die Zeit mit der Krankheit und die Zeit danach. Die Sichtweise auf das eigene Leben ändert sich. Schon wenn man morgens die Sonne aufgehen sieht, hat das eine ganz andere Bedeutung als früher. Wenn dann noch die Vögel zwitschern, dann sagt man sich: »Nein, das war's noch nicht!«

»Ich möchte etwas Neues anfangen, etwas, das ich mit Leib und Seele mache.«

Sandra Sulkowski

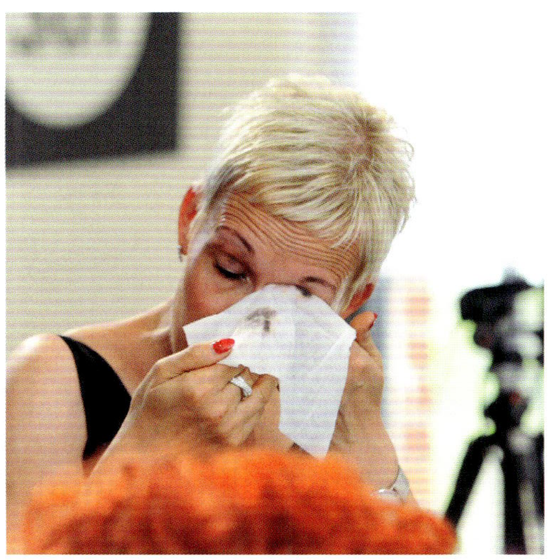

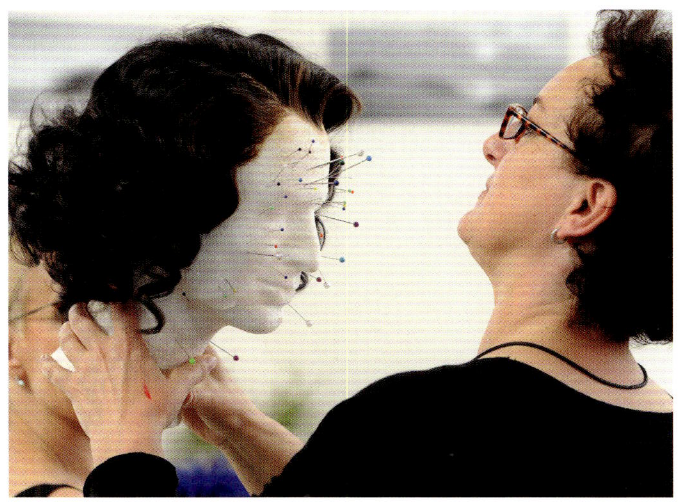

DER SPIEGEL

»Ich platzte vor Neugier.
Als endlich das Tuch fiel,
war das wie ein Knall und
im Spiegel saß eine andere.«

Evelyn Richert

»Bei keinem anderen Projekt
war ich so emotional ergriffen
und so eng verbunden
mit allen Protagonistinnen.«

Andreas Duerst, Fotograf

»Es ist so ein Glück mitzuerleben,
wie für Sekunden
alles andere vergessen ist.
Da ist nur Freude.«

Jacqueline Boulanger, Interpretin

»Die persönlichen Geschichten
sind sehr bewegend.
Ich habe großen Respekt
vor diesen starken Frauen.«

Henning Palm, Filmton

MARY MARQUARDT

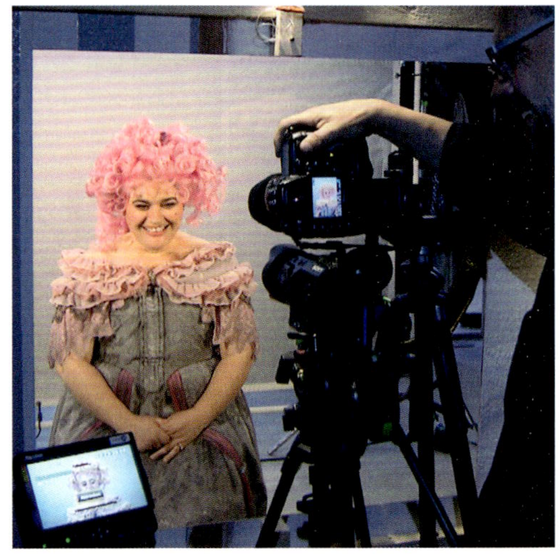

»Mary ist eine fantastische Frau mit starker Ausstrahlung. Ihr Schicksal hat mich sehr berührt.«

Beatrice Rauch, Maskenbildnerin

Ich bin vor sechs Jahren an Brustkrebs erkrankt. Es folgte eine schwere Zeit mit Operationen, zehn oder elf Chemotherapien und Bestrahlungen. Der Krebs ist in mehrere Organe metastasiert.

Ich mache das Beste aus jedem Tag und genieße mein Leben. Die Erkrankung hat meine Sicht auf das Leben verändert. Ich bin achtsamer geworden, lebe bewusster. Jeden Augenblick mit meinen Kindern genieße ich in vollen Zügen. Sie haben alles mitbekommen, ich bin mit meiner Erkrankung immer offen umgegangen. Jede Etappe, jeder Rückschlag – meine Familie wusste es zuerst.

Ich finde spannend, welche Verwandlungen Maskenbildnerinnen ermöglichen und freue mich auf das, was sie aus mir machen werden. Ich habe die vielen Perücken gesehen und möchte heute volles Haar tragen. Es ist einfach eine so willkommene Abwechslung, hier kann ich meine Gedanken ganz woanders lassen und mich auf dieses kleine Abenteuer einlassen.

Mit der Krankheit verändert sich der Körper, darüber muss man offen reden. Es ist wichtig, dass erkrankte Frauen sie selbst sein können. Sie sind schön und darum geht es für mich.

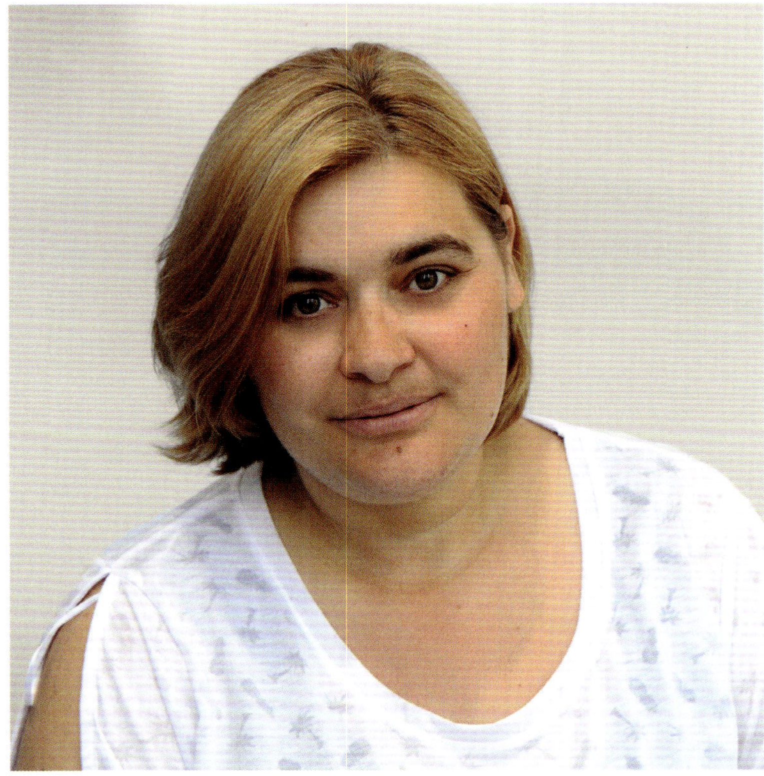

»Ich fühle mich
sehr erhaben und schön,
das ist schon ein
einzigartiger Moment.«

Heike Nagel

HEIKE NAGEL

Ich habe Magenkrebs. Mit meiner Teilnahme an diesem Projekt möchte ich auch die Öffentlichkeit wachrütteln: Die meisten Menschen schauen bei Krebs doch immer noch weg. Krebs kriegen immer nur die anderen.

Es kursieren immer noch so viele Klischees. Viele betrachten Krebs als Todesurteil, aber das ist es längst nicht mehr. Ich habe mich mit der Erkrankung arrangiert, sie gehört zu mir. Ja, ich habe Krebs, aber ich lebe und ich habe sogar Spaß dabei.

Bis zu dieser Erkenntnis war es für mich aber auch ein langer Weg. Nach der Diagnose fällt und fällt und fällt man. Es ist ein Abgrund, der nicht enden will. Ich habe dabei viele meiner Freunde verloren, mich verändert – aber auch neue Freundschaften aufbauen können. Die Freunde und Angehörigen wissen oft nicht, was sie sagen, wie sie sich verhalten sollen. Für sie ist es auch schwer. Ich sage immer, redet miteinander, thematisiert alles.

Zwischen Kostümen, Schminke und Accessoires zu sitzen, ist ein tolles Erlebnis. Ich spüre die Verwandlung körperlich, bevor ich sie überhaupt im Spiegel gesehen habe.

Die Verwandlung bedeutet für mich, für ein paar Minuten jemand anderes zu sein. In diesem Moment vergesse ich meine eigenen Sorgen und Ängste. Nach der Krebsdiagnose wurde mir erst bewusst, dass gesellschaftliche Normen und Regeln wenig bedeuten. Ich gestalte mein Leben heute so, wie es mir gefällt und nehme mir diese Freiheit jeden Tag.

Nach der Verwandlung dachte ich sofort: Mein Mann soll mich so sehen. Ich habe mir sehr gefallen und mich immer wieder gefragt, ob ich das wirklich bin. Ich fühle mich sehr erhaben und schön, das ist schon ein einzigartiger Moment.

»Ja, ich habe Krebs,
aber ich lebe und ich habe
sogar Spaß dabei.«

Heike Nagel

»Während der Verwandlung
hatte ich auf einmal das Gefühl,
dass es vielleicht doch eine Chance
gibt und alles gut wird.«

Silke Bull

SILKE BULL

»Der Krebs kratzt
am Selbstverständnis
einer Frau.«

Silke Bull

Mir fiel die Teilnahme an diesem Projekt anfangs sehr schwer. Ich war zu diesem Zeitpunkt in der Krankheit versunken. Und plötzlich sitzt man unter Menschen, denen es ebenso geht, und es wird gelacht und man hat Spaß. Endlich gab es mal wieder etwas, dass nichts mit Krankheit zu tun hat.

Der Krebs kratzt am Selbstverständnis einer Frau. Ich habe eine 30 Zentimeter lange Narbe auf dem Bauch. Auf meinem Kopf befindet sich kein einziges Haar mehr. Jeden Tag blickt mich im Spiegel dieses faltige Babygesicht an. Das ist schwer zu ertragen. Ich war in meinem Leben eigentlich nie eitel, wirklich nicht, aber natürlich schaute man unbewusst schon, fühlte sich in seinem Körper irgendwie wohl – das ist nun alles weg. Vielleicht bewegt es mich deshalb so sehr, dass sich die liebenswerten Menschen in der Maske so viel Zeit genommen haben, sich so bemühten, nur um mich und die anderen Frauen hübsch zu machen. Während der Verwandlung hatte ich auf einmal das Gefühl, dass es vielleicht doch eine Chance gibt und alles gut wird.

Vor der Krankheit hätte ich mir für so ein Vorhaben niemals Zeit genommen. Das kommt einem dann auch in den Sinn. Beim Schminken musste ich auch immer mal weinen. Ich erinnere vor allem die Probe im Volkstheater. Wir durften uns im Spiegel ja nicht sehen, aber man sah ja die anderen Teilnehmerinnen, es war eine tolle Stimmung, es herrschte so viel Freude.

Meine Verwandlung in eine historische Person entschied ich, ohne lange zu überlegen. Ich habe Musik studiert, und auch wenn die Oper nicht unbedingt zu meiner Lieblingssparte gehört, gefielen mir doch immer die pompösen Kostüme. Das wollte ich auch einmal ausprobieren.

Würde es ein nächstes Mal geben, wäre ich bestimmt noch viel mutiger in der Auswahl der Verkleidung.

Die Überlebenswahrscheinlichkeit für meine Erkrankung liegt bei 50 Prozent für die nächsten drei Jahre. Das muss man erst einmal verarbeiten. Und dann sagt man sich, man will noch unbedingt dies und jenes machen, aber dann kann man es nicht, weil man zu müde ist, zur Therapie muss oder es zu anstrengend ist. Sein Leben zu ändern, ist wirklich schwer. Dabei muss ich mich wirklich fragen, was ich jetzt noch tun möchte, wenn ich vielleicht nur noch ein Jahr zu leben habe. Was mache ich dann noch?

Ich habe jetzt angefangen zu malen, zu fotografieren – das bereitet mir unheimlich viel Spaß. Ich musste tatsächlich erst so krank werden, um endlich das zu tun, was ich immer schon tun wollte. Das ist doch richtig bekloppt.

*»Mein erster Gedanke nach der
Diagnose war: Das war's
und du bist noch nicht einmal 50!«*

Silke Lückel

SILKE LÜCKEL

Ich bin immer aufgefallen wegen meiner Körpergröße. Viele dachten, ich wäre ein Mann, ohne Haare erst recht. In dem halben Jahr Chemotherapie war ich wirklich mutterseelenallein, ich habe mich verkrochen. Nach der Chemo kamen dann plötzlich die Haare wieder, ich bekam sogar richtige Locken. Die hatte ich schon als Kind. Jetzt erkennt man mich auch wieder als Frau, das ist ein ganz neues Gefühl. Eigentlich war das schon die totale Verwandlung, die ich erlebt habe.

Für die Verwandlung in diesem Projekt hatte ich zunächst keine Idee. Eigentlich wollte ich einfach nur eine richtig schöne Frau sein. Die Visagistinnen setzten mir acht oder neun Perücken auf – am besten stand mir die Lederhaube. Ich wurde also Pilot für einen Tag, wieder keine Frau. Es gefiel mir aber trotzdem.

Die Verwandlung wurde mein Wechsel der Perspektiven: Ich bin sehr klein und richte meinen Blick im Alltag immer nach oben. Als Pilot schaue ich von oben auf die Welt.

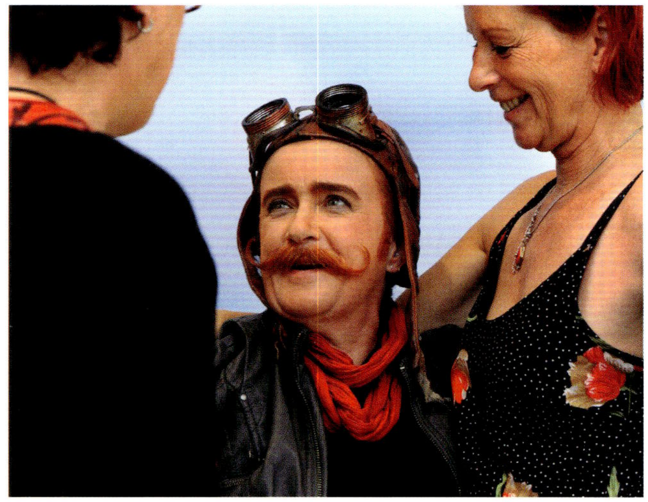

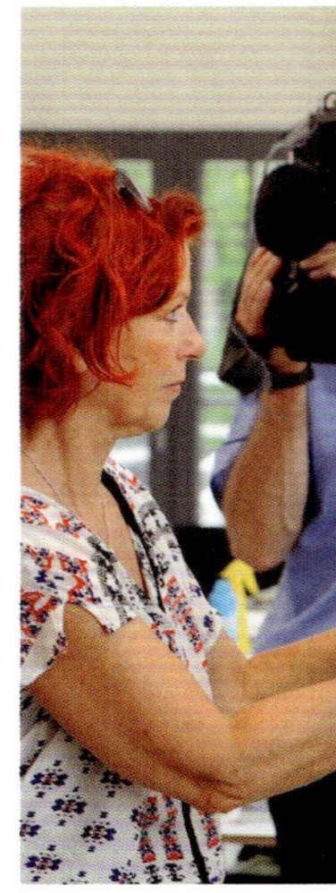

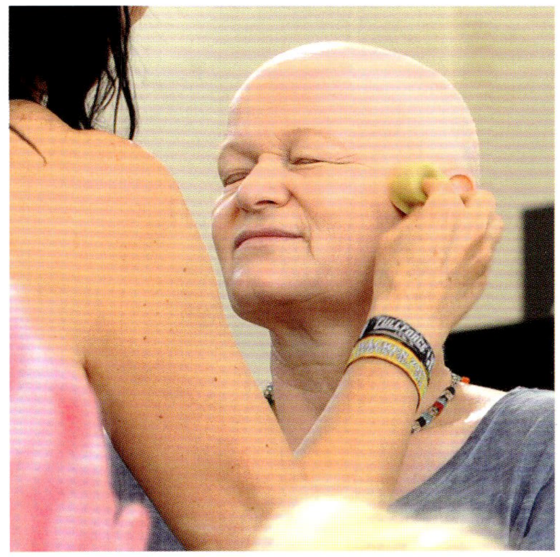

DAS PROJEKT

»Wenn ich jemandem ins Gesicht schaue, entsteht sofort ein Bild in meinem Kopf, ich nehme dabei eher die Persönlichkeit wahr und die Proportionen.«

Marion Mühle, Maskenbildnerin

»Sonst geht es bei meiner Arbeit für Werbefotos und Filme meist nur um die Hülle. Hier bin ich den Menschen so nah, sehe jede kleine Gefühlsregung in den Gesichtern. Diese Bilder und der Film sind in einer sehr vertrauensvollen Zusammenarbeit mit den Frauen entstanden. Das ist eine neue und wertvolle Erfahrung für meine Regiearbeit bei einem Filmprojekt mit so vielen Emotionen.«

Andreas Duerst, Fotograf

»Die Idee wird weitergeführt. ›Verwandlung als Chance‹ ist der mobile Part dessen, was wir bisher gemacht haben. Wir gehen damit in kleine Städte, Dörfer, in die Regionen und organisieren für Patientinnen und Patienten einen Tag der Verwandlung.«

Wolfgang Schmiedt, Projektinitiator

»Ich habe so gearbeitet, wie ich es auch mit Schauspielern mache, die danach auf die Bühne müssen. Die Frauen hatten ja auch ihren Auftritt.«

Beatrice Rauch, Maskenbildnerin

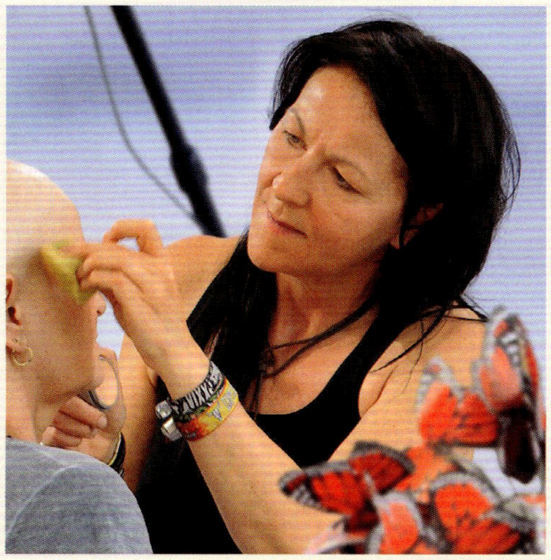

Der Verein »Gemeinsam mehr Mut e.V. – Wege bei Krebs« lud Patientinnen mit der Diagnose Krebs zum Projekt »Lust auf Verwandlung« in das STUDIO 301 am Fischereihafen ein. Vier Maskenbildnerinnen des Volkstheaters Rostock machten mit viel handwerklichem Geschick die optische Verwandlung möglich. Als sich die Teilnehmerinnen zum ersten Mal verwandelt im Spiegel sahen, hielt der Fotograf Andreas Duerst diesen Moment mit seiner Kamera fest.

Eine Wanderausstellung zeigt zwölf dieser beeindruckenden Porträts mit den Aussagen der Frauen, die Lea-Marie Kenzler und Dirk Böttcher – auch für diesen Bildband – gesammelt haben.

Die Initiatoren Jacqueline Boulanger, Wolfgang Schmiedt und Andreas Duerst haben mit diesem Projekt eine Aktion fortgesetzt, die von der Belgischen Hilfsorganisation »Mimi Ullens Foundation« ins Leben gerufen wurde, um Krebserkrankten einen Augenblick der Sorgenfreiheit zu schenken. Die Foundation erhielt für ihren bewegenden dokumentarischen Film den Goldenen Löwen des »Cannes Lions International Festival of

Creativity«, der weltweit bekanntesten Veranstaltung der Werbebranche, und weitere acht Löwen in Silber, vergleichbar mit dem »Oscar« der Filmwelt.

Für die Teilnehmerinnen bedeutete das Projekt »Lust auf Verwandlung« nicht das zeitweilige Entfliehen aus der Realität, vielmehr ist es der Beweis dafür, was diese alles bereithält und erlaubt. Einige von Ihnen hatten bereits eine klare Vorstellung davon, wer sie gern sein wollten, andere verließen sich auf das Auge und das Gefühl der Maskenbildnerinnen um Beatrice Rauch. Das Ergebnis der eigenen Verwandlung blieb für die Frauen bis zu dem Moment verborgen, als sie ihre Augen vor einem Spiegel auf ein Zeichen öffneten. Auch dieser erste Eindruck wurde durch Kameras hinter dem Spiegel eingefangen. Für einen begleitenden Film zum Projekt befragte Andreas Duerst die Teilnehmerinnen vor und nach der Verwandlung zu ihren Gedanken und Gefühlen.

Zum Leben mit Krebs gehört es auch, dass Freude, Spaß, Gemeinsamkeit und Schönheit nicht ausgeschlossen sind. Für diese Frauen war der Rollenwechsel Teil der Realität Krebs und ein Zeichen, dass man lebt. Dass vieles möglich ist, man vieles sein kann.

»Am Ende meines Lebens steht der schönste Tag meines Lebens. Manchmal zählt nur ein einziger Moment.«

Mary Marquardt

Gemeinsam mehr Mut – Wege bei Krebs setzt sich für mehr Akzeptanz und einen bewussten Umgang mit der Krankheit Krebs ein. Jacqueline Boulanger ist Vorsitzende des Vereins und spricht über eine besondere Seite ihrer Arbeit:

»›Gemeinsam mehr Mut‹, das ist nicht nur so dahingesagt. Wir stiften Zusammenhalt, stellen Fragen, hören zu. Wir klären auf, wollen Wege finden, haben Verständnis und zeigen, dass Mut ein Teil von Glück ist. Unsere Mitglieder sind oft mit schweren Schicksalsschlägen, langwierigen Therapien und scheinbar ausweglosen Situationen konfrontiert. Wir haben Ideen für sie, laden zu kulturellen Veranstaltungen und Vorträgen ein, initiieren Projekte wie ›Lust auf Verwandlung‹. Wir zeigen Wege bei Krebs und gehen sie mitunter gemeinsam. Zu unserer Arbeit gehört auch, dass diese gemeinsamen Wege manchmal mit dem Tod enden.

Mary Marquardt war eine unglaublich starke Frau, die mich verblüffte. Sie hatte ein sonniges Gemüt und war diejenige, die in ihrer Familie einen Plan hatte und Ordnung schuf. Kurz vor ihrem Tod heiratete sie ihren Partner Martin. Er hatte mehr als einmal darum gebeten. Als klar war, dass ihr Leben bald enden würde, wollte sie ihn und ihre Kinder Miguel und Melinda in Sicherheit wissen. An Marys Krankenbett erzählte das Paar mir die Geschichte ihrer Liebe. Sie lachten und Mary war trotz ihrer Schwäche herrlich lebendig. Als Verein haben wir ihren Weg und ihre Hochzeit ein Stück miterlebt. Ich sang bei der Trauung und schweren Herzens auch bei der Beerdigung. Ich bin froh, Mary durch unser Projekt kennengelernt zu haben. Sie ist einer der Menschen, deren Präsenz bleiben wird. Den Weg bis zu ihrem Tod begleitet zu haben, ist eine große Ehre für mich und eine der besonderen Seiten unserer Vereinsarbeit.«

»Künstlerisch in eine andere Rolle zu schlüpfen, kann eine Auseinandersetzung mit der Krebserkrankung sein. Und Kunst kann helfen, die Erkrankung in einem anderen Kontext zu sehen, sich andere Fragen zu stellen, sein Ich anders wahrzunehmen.«

Jacqueline Boulanger, Interpretin

DIE PREMIERE

Ihre Verwandlung haben die Frauen bisher nur im Spiegel gesehen, keine von ihnen kannte ihr fertiges Foto. Die feierliche Enthüllung der großen Porträtfotos haben nicht nur die Teilnehmerinnen mit Spannung erwartet.

Am Tag der Premiere kamen Freunde, Partner und viele Familienmitglieder in das STUDIO 301. Sie sahen zum ersten Mal die Bilder ihrer Angehörigen. Ein bewegender Abend mit Applaus, Begeisterung und Tränen.

»35 Jahre lang kannte ich meine Frau, jetzt ist sie nicht mehr da. Als der Vorhang fiel, kamen mir die Tränen. Dieser Moment ging unter die Haut.«

Heinz Nagel, Witwer

»Heike ist zwei Tage vor der Premiere verstorben. Ich war mit unserem Sohn trotzdem da.«

Olaf Barth, Witwer

»Zusammenhalt macht stark und im Projekt wurden wir ein Team. Wir wollten unbedingt etwas zurückgeben und schrieben ein Lied für die Maskenbildnerinnen und die Initiatoren des Projekts.«

Silke Lückel

»Die schöne Geste der Teilnehmerinnen zeigt den ganzen Erfolg der Aktion. Wir waren überrascht und sehr ergriffen.«

Michaela Schroeckh, Maskenbildnerin

DIE WANDERAUSSTELLUNG

In der Rostocker Kunsthalle bekam das Projekt eine eigene Ausstellung und damit einen würdigen Rahmen. Keine der Teilnehmerinnen hätte ihr Bild jemals in einer Fotoausstellung vermutet. Mit der anschließenden Wanderausstellung wurde das Projekt Kunst und Bildung.

»Auf einmal sah ich mein Bild in der Kunsthalle hängen. Das war ein besonderer Moment.«

Sandra Sulkowski

»Es hat mich stolz gemacht, dass meine Familie mein Bild in der Kunsthalle sehen konnte.«

Silke Bull

»Ich hoffe, dass der Film auch Anstoß und Hilfe für das Umfeld von Betroffenen ist, um ganz selbstverständlich miteinander ins Gespräch zu kommen.«

Andreas Duerst, Fotograf

»Die Ausstellung macht das Projekt wahrhaftig. Auf den Bildern sind keine Schauspieler, sondern Menschen mit echten Geschichten.«

Anna Siebdrath

DIE VERWANDELTEN

Marlit Müller arbeitet weiterhin als Pharmareferentin. Sie wurde zum ersten Mal Großmutter und genießt die Zeit mit ihrer Enkelin.

Evelyn Richert konzentriert sich ganz auf ihre Enkelkinder.

Ariane Bartsch verbringt viel Zeit mit ihrer Familie, die ihr Halt und Kraft gibt.

Angret Kristens hat ihre Arbeit niedergelegt. Reisen und Konzertbesuche sind die Dinge, die ihr momentan guttun.

Carolyn Bell arbeitet wieder als Arzthelferin. Zu roten Haaren fehle ihr zurzeit noch der Mut.

Sieben Monate nach den Fotoaufnahmen ist Heike Kutz gestorben.

Anna Siebdrath hat ihren Beruf wieder aufgenommen.

Sandra Sulkowski ist wieder glücklich als Lehrerin tätig, an einer anderen Schule.

Einen Monat nach dem Shooting hat Mary Marquardt geheiratet, sechs Wochen später ist sie verstorben.

Heike Nagel lebte drei Monate nach der Entstehung ihrer Porträts nicht mehr.

Silke Bull hat inzwischen eine weitere schwere Operation gut überstanden, ihre Arbeit niedergelegt und genießt die neugewonnene Zeit.

Silke Lückel ist immer noch selbstständig und übt ihren Beruf weiterhin aus. Ihr Leben nach der Krankheit beschreibt sie als lebenswerter.

DER FILM

www.Lust-auf-Verwandlung.de

Die Deutsche Nationalbibliothek verzeichnet diese Publikation in der Deutschen Nationalbibliografie; detaillierte bibliografische Daten sind im Internet über http://dnb.de abrufbar.

Lagerstraße 7, 18055 Rostock
Tel. 0381 49690
www.hinstorff.de

1. Auflage 2020
Herstellung: Hinstorff Verlag GmbH
Lektorat: Thomas Gallien
Printed in Germany
ISBN 978-3-356-02318-3

Druck: Druckerei Weidner GmbH
Carl-Hopp-Straße 15, 18069 Rostock
Tel. 0381 4610740
www.druckerei-weidner.de

Gemeinsam mehr Mut e.V. – Wege bei Krebs
Vorsitzende: Jacqueline Boulanger
Vereinsregisternummer: 10176
Dalwitzhof 2h, 18059 Rostock
Vorstand: Jacqueline Boulanger, Dr. Susanne Markmann, Wolfgang Schmiedt, Christiane Golz, Kerstin Krause,
Assistentin d. Geschäftsführung: Anke Reimers

Dank an alle Förderer für die Unterstützung, im Besonderen an die Sparda-Bank Berlin.
Ehrenamtsstiftung M-V
Novartis Pharma AG
JAKOTA Cruise Systems GmbH
Lions Club Warnemünde

Fotografie: Andreas Duerst (120)
Texte: Lea-Marie Kenzler und Dirk Böttcher

Gestaltung: Ard Schenk und Malte Schüler
Typografie: Tom Methner
Making-of-Fotos:
Wolfgang Schmiedt (3)
Jacqueline Boulanger (4)
Maria Pistor (1)
Henning Palm (17)
Sascha Schwarzer (7)

STUDIO 301
Alter Hafen Nord 301, 18069 Rostock
Tel. 0381 4904165
www.studio-301.de
Produktionsassistenz: Anja Gronwald, Xenia Meier, Antje Bauer, Christoph Nantke, Marc Klein, Peter Sorge, Hans Thull, Sascha Schwarzer, Henning Palm